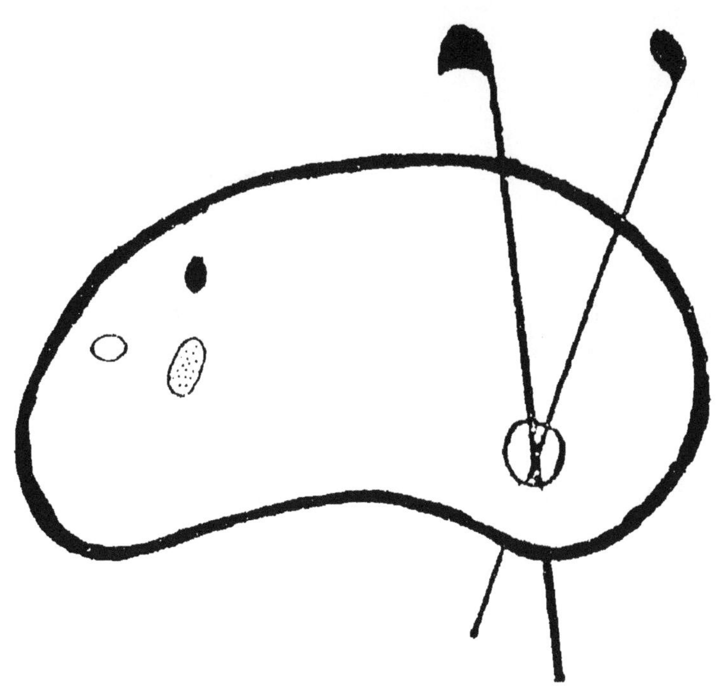

VENTE
Du Mercredi 19 Février 1913
HOTEL DROUOT, SALLE N° 6
A 4 HEURES

TAPISSERIES

ANCIENNES

DES ÉPOQUES DES XIVe, XVIe ET XVIIIe SIÈCLES

SIÈGES

Me André COUTURIER
Successeur de M. Léon TUAL
COMMISSAIRE-PRISEUR

M. Georges GUILLAUME
EXPERT

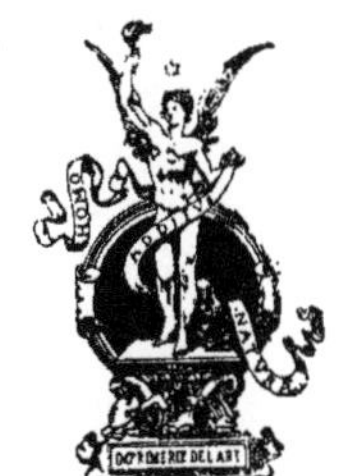

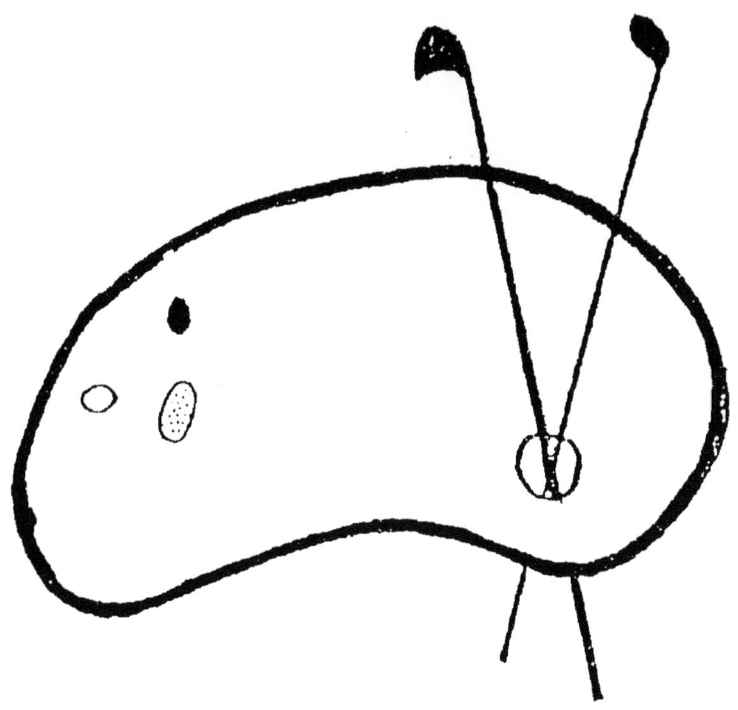

FIN D'UNE SERIE DE DOCUMENTS
EN COULEUR

Pinter

CATALOGUE

DES

TAPISSERIES

ANCIENNES

DES

Époques des XIVe, XVIe et XVIIIe Siècles

SIÈGES

Provenant des Châteaux de*** (Loir-et-Cher)

DONT LA VENTE AUX ENCHÈRES PUBLIQUES AURA LIEU

HOTEL DROUOT, SALLE N° 6

LE MERCREDI 19 FÉVRIER 1913

à quatre heures

COMMISSAIRE-PRISEUR

Me ANDRÉ COUTURIER

Successeur de M. Léon TUAL

56, rue de la Victoire

EXPERT

M. GEORGES GUILLAUME

13, rue d'Aumale

PARIS

EXPOSITIONS

Le Mardi 18 Février 1913, de 1 heure 1/2 à 6 heures

Le Mercredi 19 Février 1913 (jour de la vente), de 1 heure 1/2 à 4 heures

CONDITIONS DE LA VENTE

Elle sera faite au comptant.

Les adjudicataires paieront DIX POUR CENT en sus des enchères.

L'exposition mettant le public à même de se rendre compte de l'état et de la nature des objets, il ne sera admis aucune réclamation une fois l'adjudication prononcée.

Paris. — Imp. de l'Art, Ch. Berger, 41, rue de la Victoire.

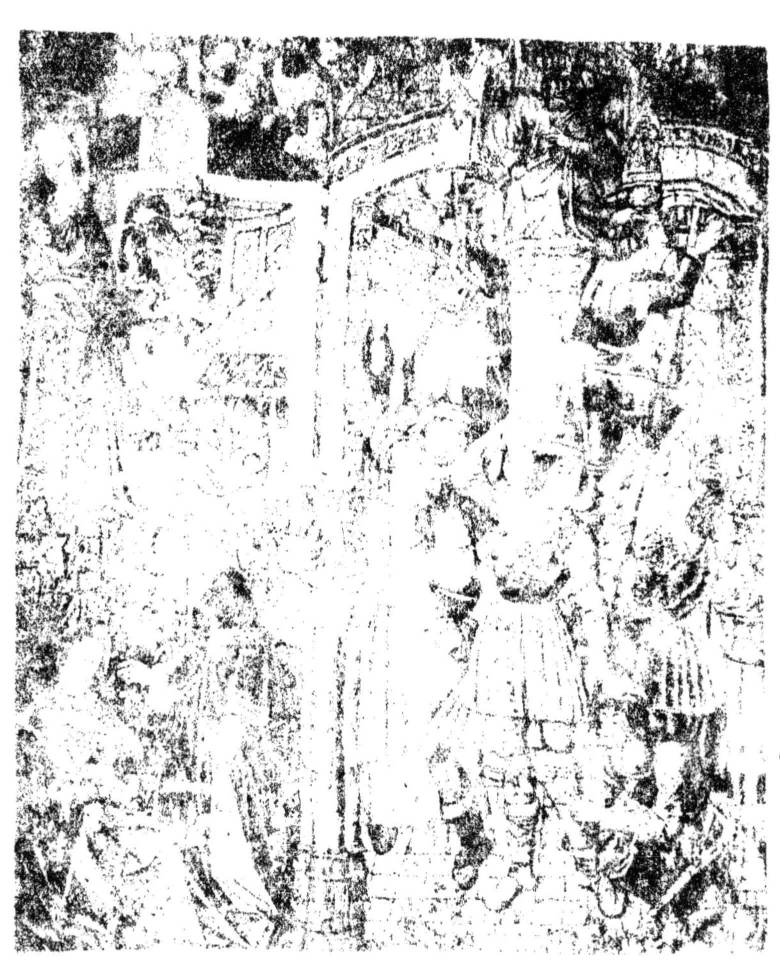

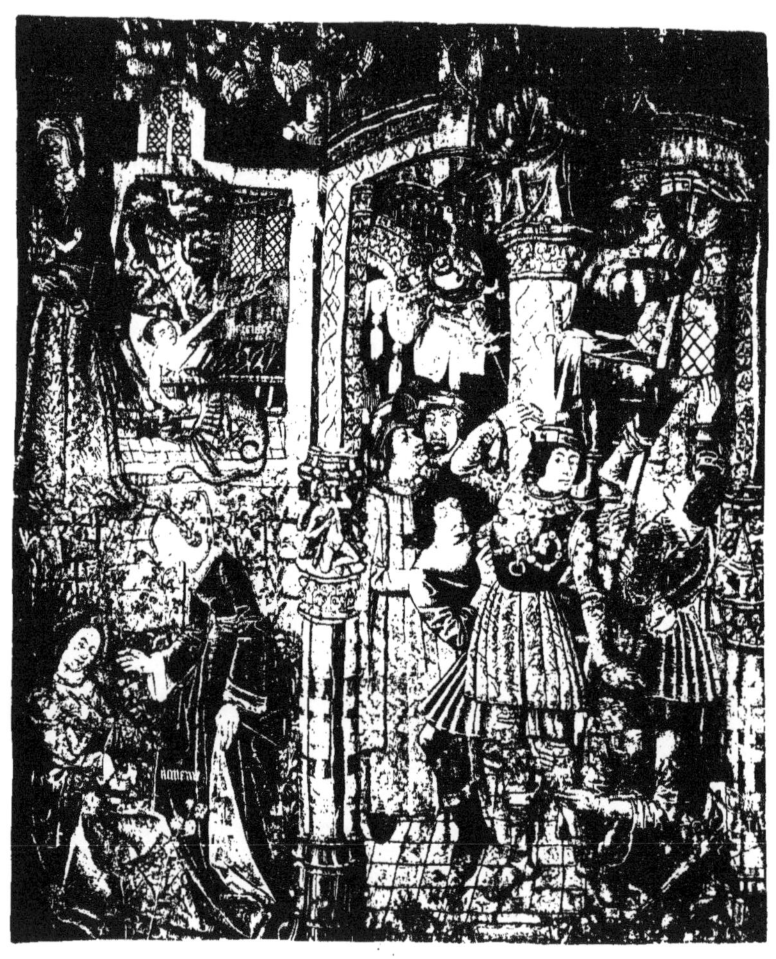

No 1

HÉLIO LÉON MAROTTE

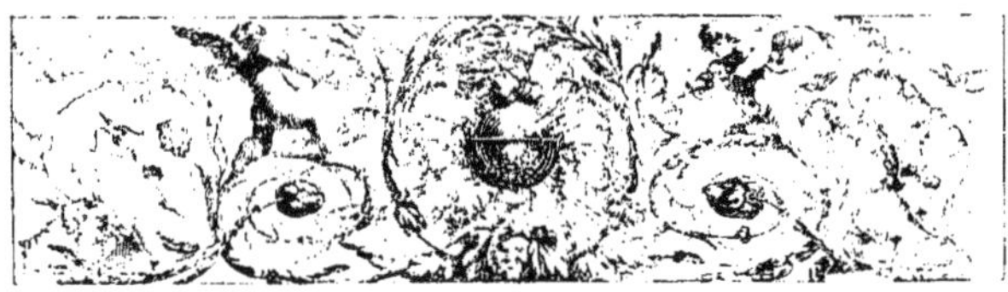

DÉSIGNATION

TAPISSERIES

1 — Tapisserie de la suite des Travaux d'Hercule : Elle comprend de nombreuses figures à l'intérieur d'un palais dont les voûtes reposent sur des colonnes gothiques d'une belle architecture ; la partie gauche de la composition représente Hercule enfant, sa naissance et sa lutte, au berceau, contre les serpents envoyés par Junon ; à droite, Hercule se prépare à aller accomplir ses douze travaux ; avant son départ, au pied d'un dieu surplombant un pilastre, des personnages le revêtent de son armure. Arras, fin du XIVe siècle.

Haut., 3 m. 30 cent. ; larg., 2 m. 80 cent.

2 — Tapisserie, présentant deux scènes animées de nombreux personnages, de part et d'autre d'un arbre. Scène tirée de l'Histoire d'Esther. Flandres, commencement de l'époque Louis XII.

Haut., 2 m. 25 cent.; larg., 3 m. 60 cent.

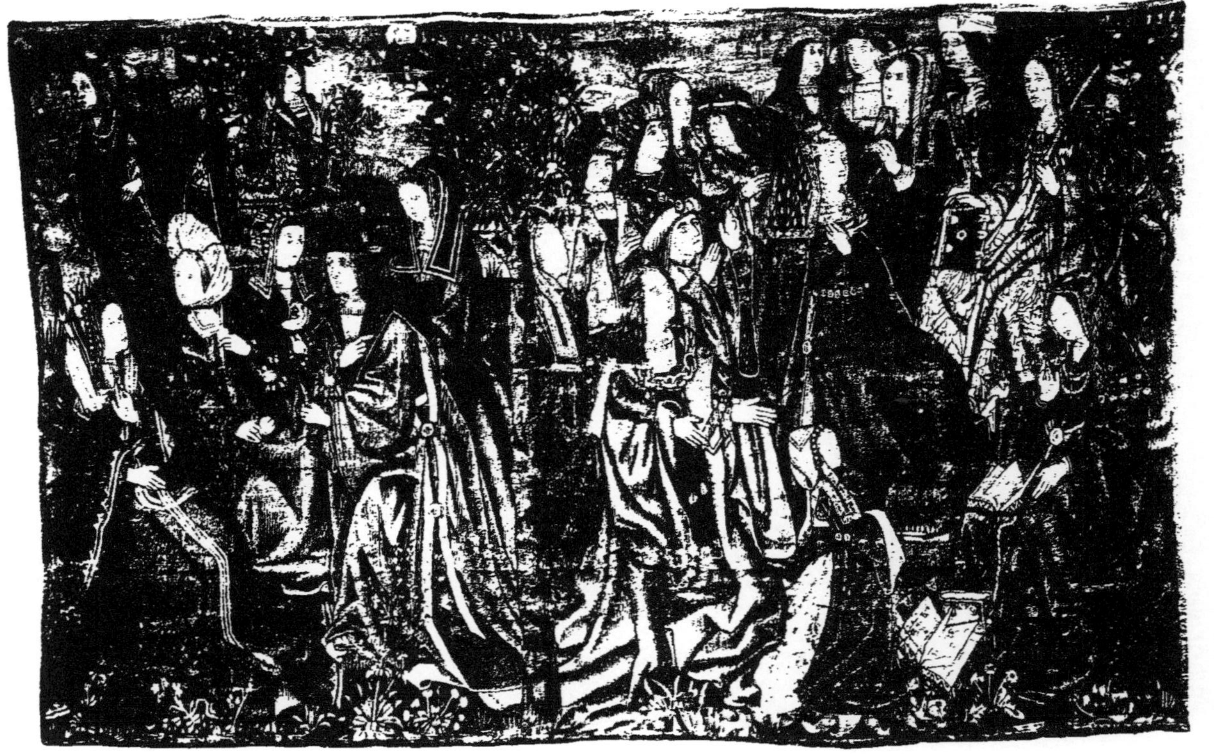

No 2

HÉLIO LÉON MAROTTE

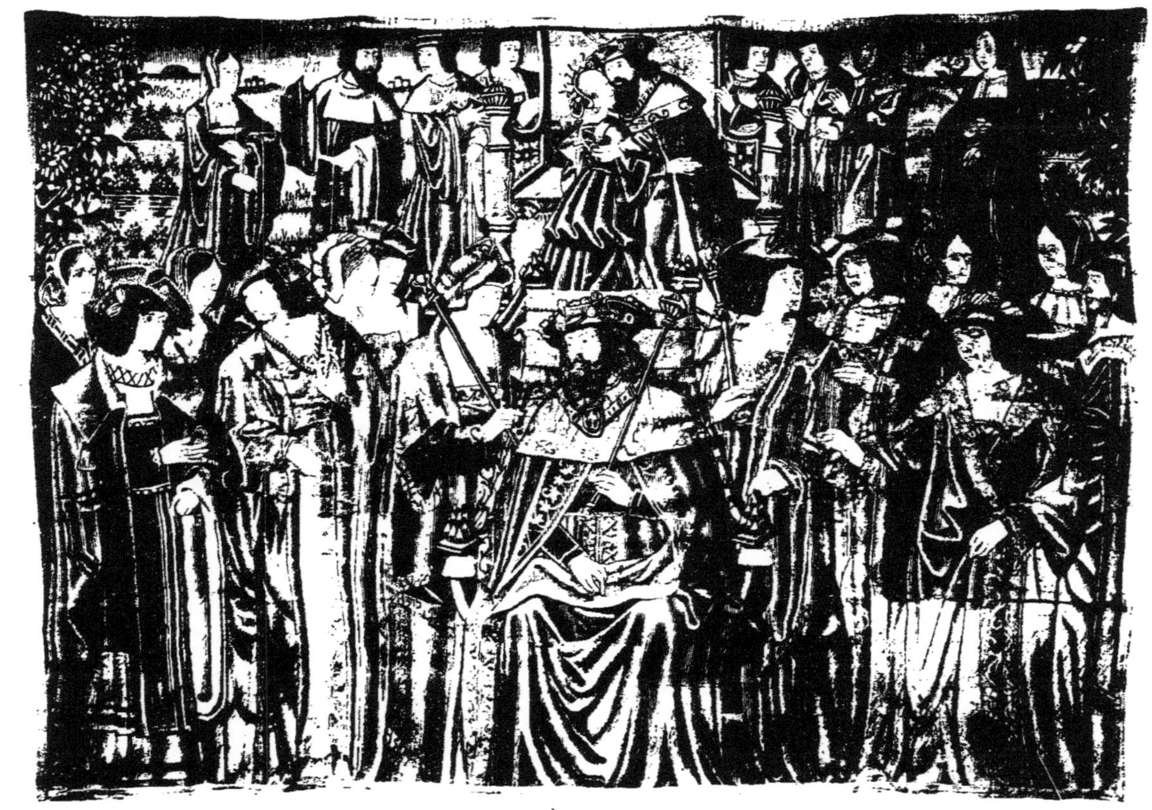

N° 3

3 — Tapisserie, présentant une réunion de personnages au pied d'un trône, sur lequel un souverain accueille une jeune fille. Au premier plan, de nombreux personnages en riches costumes et porteurs de sceptres. Épisode du règne de Maximilien Ier, empereur d'Allemagne. Flandres, époque Louis XII.

Haut., 2 m. 25 cent.; larg., 3 m. 10 cent.

4 — Tapisserie, présentant une chasse au cerf ainsi que des écureuils et des volatiles parmi de larges feuilles et des fruits ; encadrement à cariatides, mascarons et fleurs. xvie siècle.

Haut., 2 m. 70 cent. ; larg., 3 m. 20 cent.

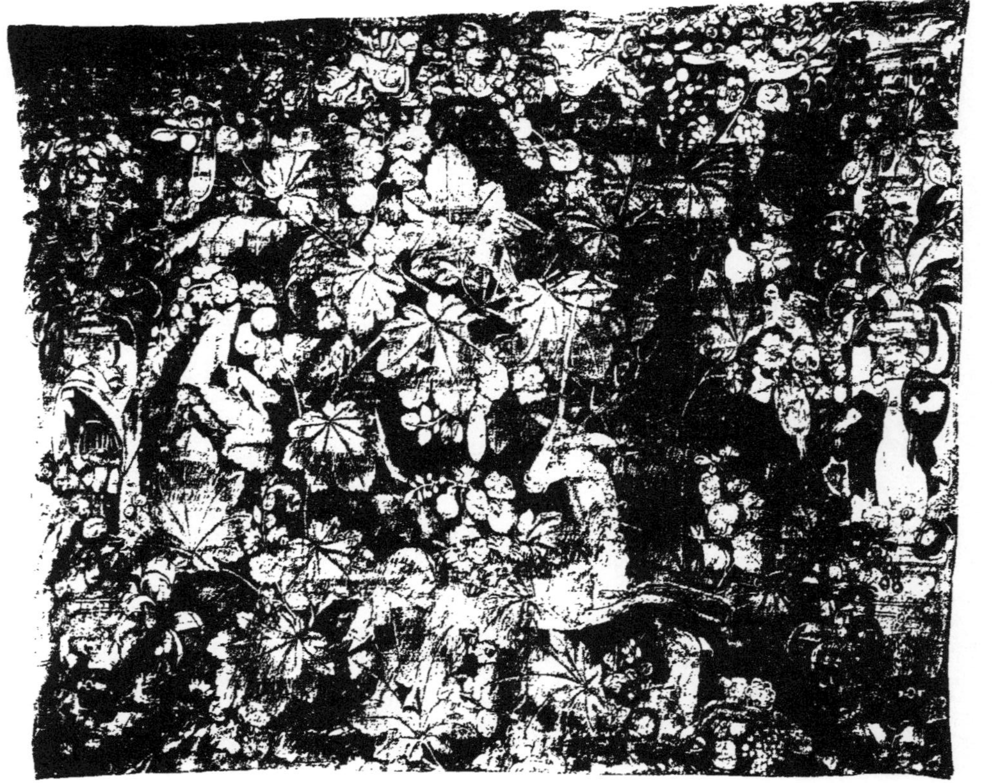

N° 4

HÉLIO LÉON MAROTTI

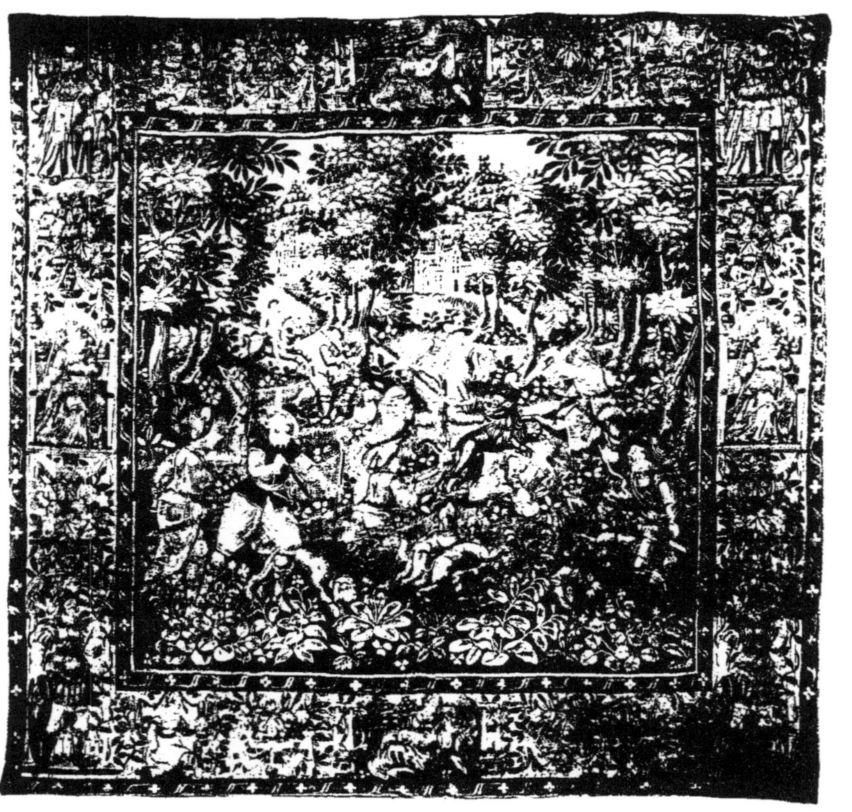

N° 5

HÉLIO LÉON MAROTTE

5 — Tapisserie carrée, présentant un sujet de chasse à courre avec nombreux cavaliers et des chiens autour d'un fauve terrassant un chasseur, dans une perspective de château et de parc baigné par un cours d'eau : encadrement à figures, draperies, fleurs et fruits sur fond jaune. Flandres, époque Renaissance.

Dimensions dans les deux sens : 3 m. 15 cent.

6 — Tapisserie, présentant une scène de camp : David se prépare à aller combattre Goliath ; sur la droite, de nombreux guerriers armés de lances ; en arrière, des constructions dans les montagnes ; encadrement à personnages, cariatides et feuilles sur fond jaune. Aubusson, époque Renaissance.

Haut., 2 m. 90 cent. ; larg., 3 m. 80 cent.

7 — Tapisserie, représentant Judith apportant à son peuple la tête d'Holopherne ; à droite et à gauche, des personnages agenouillés remercient le Seigneur, tandis que d'autres entonnent des chants de victoire ; encadrement décoré d'attributs de la guerre sur fond marron. Aubusson, époque Louis XIV.

Haut., 2 m. 78 cent. ; larg., 4 m. 70 cent.

8. — Tapisserie-verdure, présentant un château sur un monticule boisé ; au premier plan, de nombreux arbres et buissons avec perroquet perché et un cours d'eau où viennent boire deux échassiers ; encadrement à réserves de paysages dans des médaillons à volutes parmi des rinceaux de fleurs et de fruits sur fond marron, et décors à masques de lions aux angles. Aubusson, commencement de l'époque Louis XIII.

Haut., 2 m. 95 cent. ; larg., 3 m. 75 cent.

9. — Tapisserie de la même suite, présentant un oiseau s'envolant sur un étang entouré d'arbres, avec constructions dans une perspective vallonnée au fond ; même encadrement que la précédente. Aubusson, fin de l'époque Louis XIII.

Haut., 3 m. 05 cent. ; larg., 1 m. 90 cent.

10 — Portière à sujet mythologique, présentant deux personnages couronnés de pampres, assis parmi des arbres ; encadrement de perles, doublé en haut et en bas d'une bordure à fleurs et à fruits sur fond noir. Aubusson, époque Louis XIV.

Haut., 3 mètres ; larg., 1 m. 55 cent.

11 — Fragment de Tapisserie-verdure ; bordure à feuilles et fleurs. Aubusson, XVIIIe siècle.

TAPIS

12 — Grand Tapis d'Aubusson, à rosace centrale sur fond vert ; bordure à fleurs. Époque Restauration.

3 m. 20 cent. sur 3 m. 40 cent.

SIÈGES

13 — Huit Fauteuils et quatre Chaises en bois doré, munis de dossiers-médaillons et posant sur pieds cannelés ; ils sont recouverts de lampas et les fauteuils portent l'estampille de *Bauve*. Époque Louis XVI.

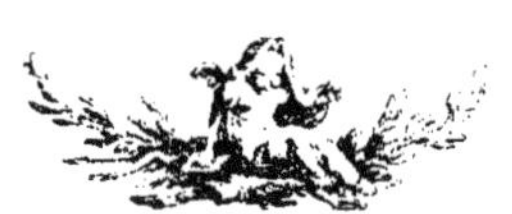

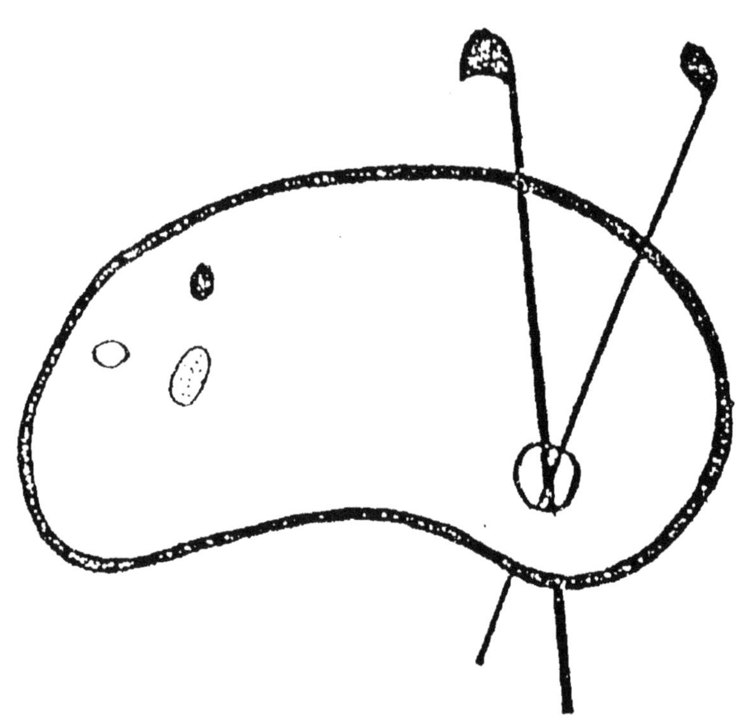

RED. :

25

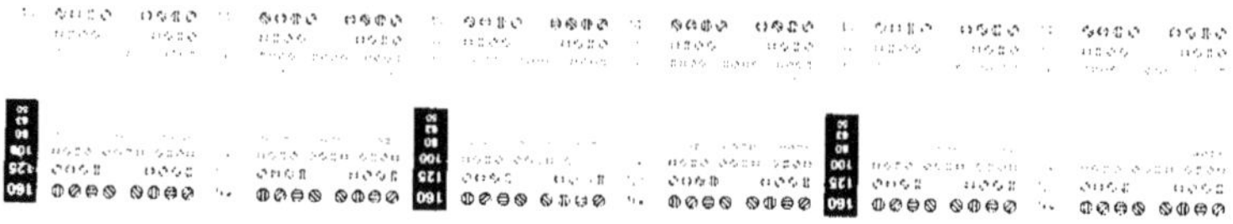

graphicom

MIRE ISO N° 1
NF Z 43-
AFNOR

0 1 2 3 4 5 6 7 8 9 10

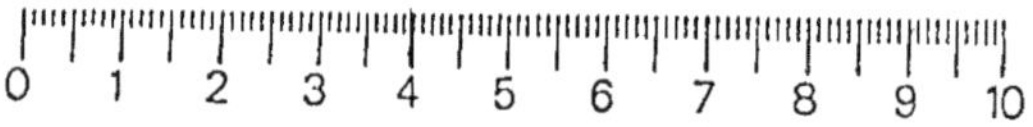

www.ingramcontent.com/pod-product-compliance
Ingram Content Group UK Ltd.
Pitfield, Milton Keynes, MK11 3LW, UK
UKHW020505180726
13839UKWH00004B/1900